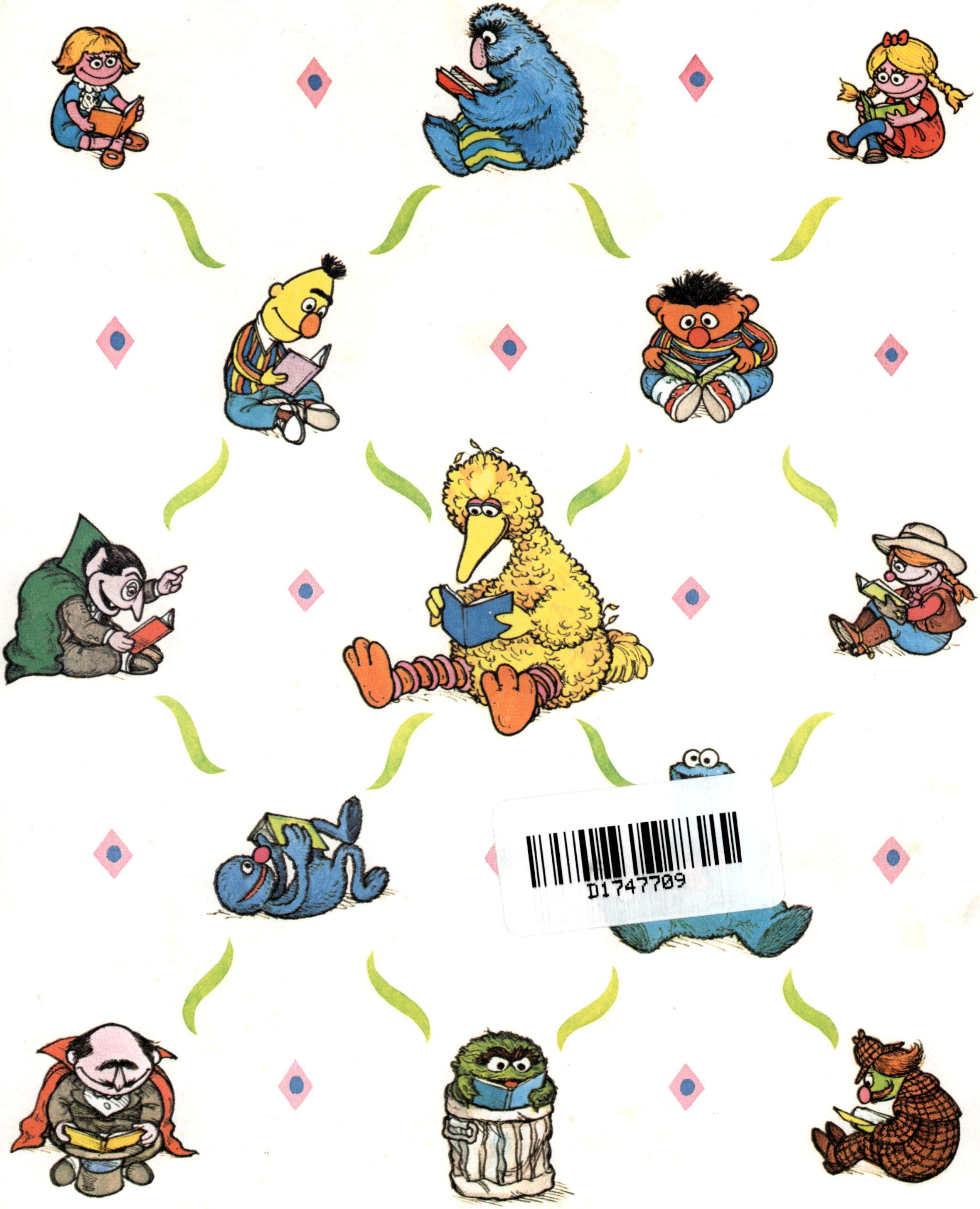

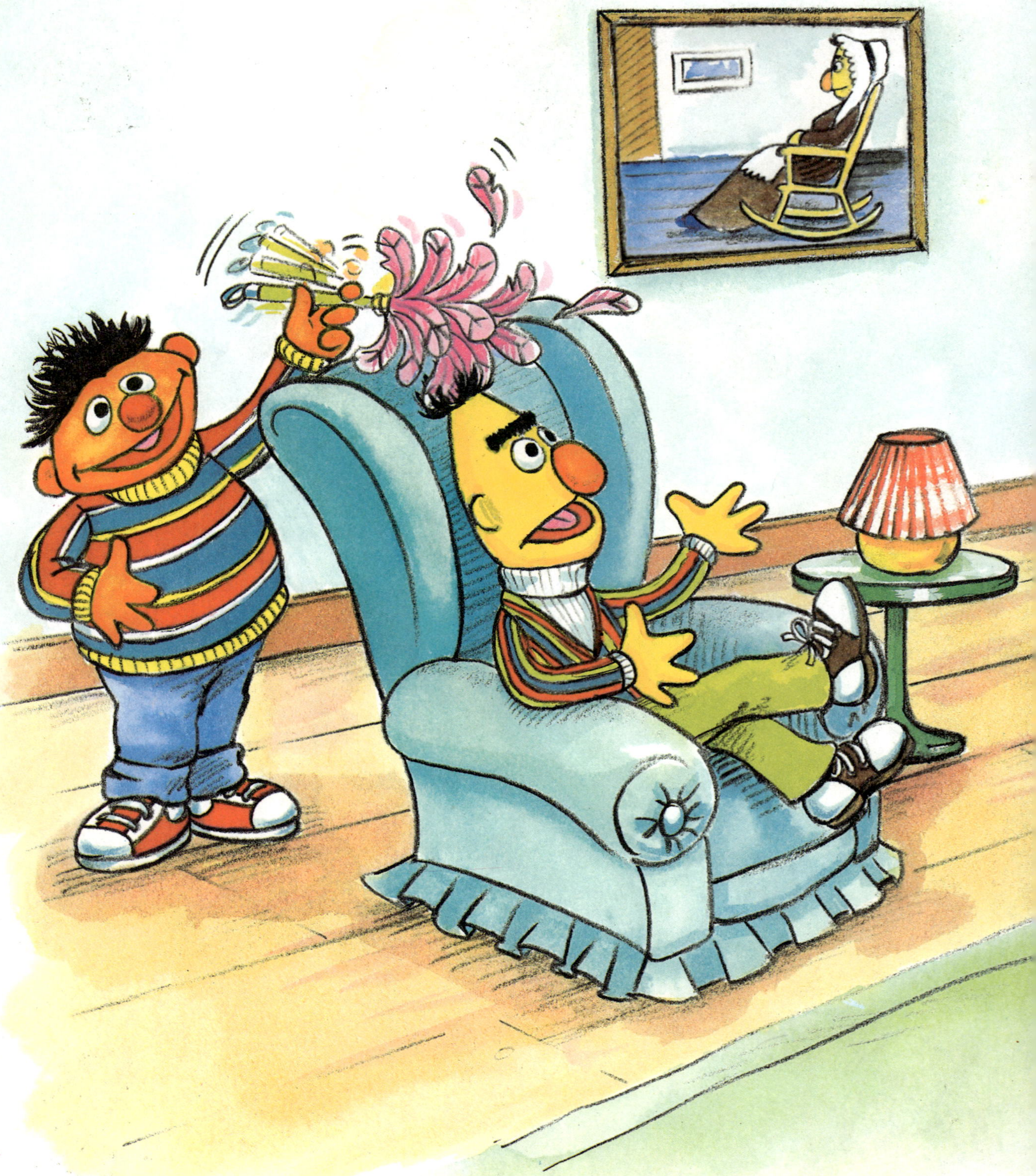

Frühjahrsputz

von Pat Tornborg

Illustrationen von Nancy W. Stevenson
Deutscher Text von Joachim Tode

Mit Ernie und Bert aus der Sesamstraße
nach den Puppen von Jim Henson

Tessloff

Titel der Originalausgabe: Spring Cleaning
© 1992 Children's Television Workshop. Sesamstraße Muppets.
© 1980 Jim Henson's Productions, Inc. All rights reserved.
Sesame Street and the Sesame Street sign are trademarks and service marks of Childern's Television Workshop.
Lizenz durch EM-ENTERTAINMENT

Deutsche Ausgabe © 1983 Tessloff Verlag, Burgschmietstr. 2-4, 90419 Nürnberg. http://www.tessloff.com
Die Verbreitung dieses Buches oder von Teilen daraus durch Film, Funk oder Fernsehen,
der Nachdruck, die fotomechanische Wiedergabe sowie die Einspeicherung und Verarbeitung
in elektronischen Systemen sind nur mit Genehmigung des Tessloff Verlages gestattet.

ISBN 3-7886-0678-9

„Mein lieber, guter Ernie, es ist mal wieder so weit: Zeit für
den Frühjahrsputz", sagte Bert an einem schönen Morgen im April.
„Lass uns schnell unser Müsli und die Cornflakes aufessen, dann
kann es sofort losgehen."

„Also, Bert, fangen wir an", sagte Ernie nach dem Frühstück. „Ich bringe schon mal den Mülleimer nach draußen. Du kannst ja inzwischen den Abwasch erledigen… Oh, Mann, ist der Eimer schwer!"

Nach einer ziemlichen Weile kam Ernie zurück.
Bert hatte inzwischen abgewaschen, abgetrocknet und
den Küchenboden aufgewischt.
„Toll, Bert", sagte Ernie, „wir haben schon so viel geschafft.
Aber es ist noch eine Menge zu tun!"
„Ernie!", schrie Bert plötzlich. „Du hast deine Füße nicht
abgetreten! Kaum habe ich saubergemacht, schleppst du den
ganzen Dreck wieder rein!"
„Oh, tut mir leid, Bert. Was soll ich jetzt tun?"
„Bring' das wieder in Ordnung, ich fange im Wohnzimmer an."

Ernie fand zwei Bürsten, wie man sie zum Schrubben des Rückens brauchen kann. Wie ein Schlittschuhläufer sauste er über den Küchenboden.
„Frühjahrsputz macht richtig Spaß", sagte Ernie zu sich, „man muss es nur richtig anfangen."
In diesem Augenblick rief Bert nach ihm aus dem Wohnzimmer.

„Mach Platz, Bert!", rief Ernie, als er auf seinen Bürstenschuhen durchs Wohnzimmer schlitterte. „Ich mache das hier auch gleich mit sauber. Junge, ist das glatt! Da rutscht man ja aus!"
Bert meinte säuerlich: „Das liegt daran, dass ich gerade mit dem Bohnern fertig bin, mein lieber, guter Ernie!"

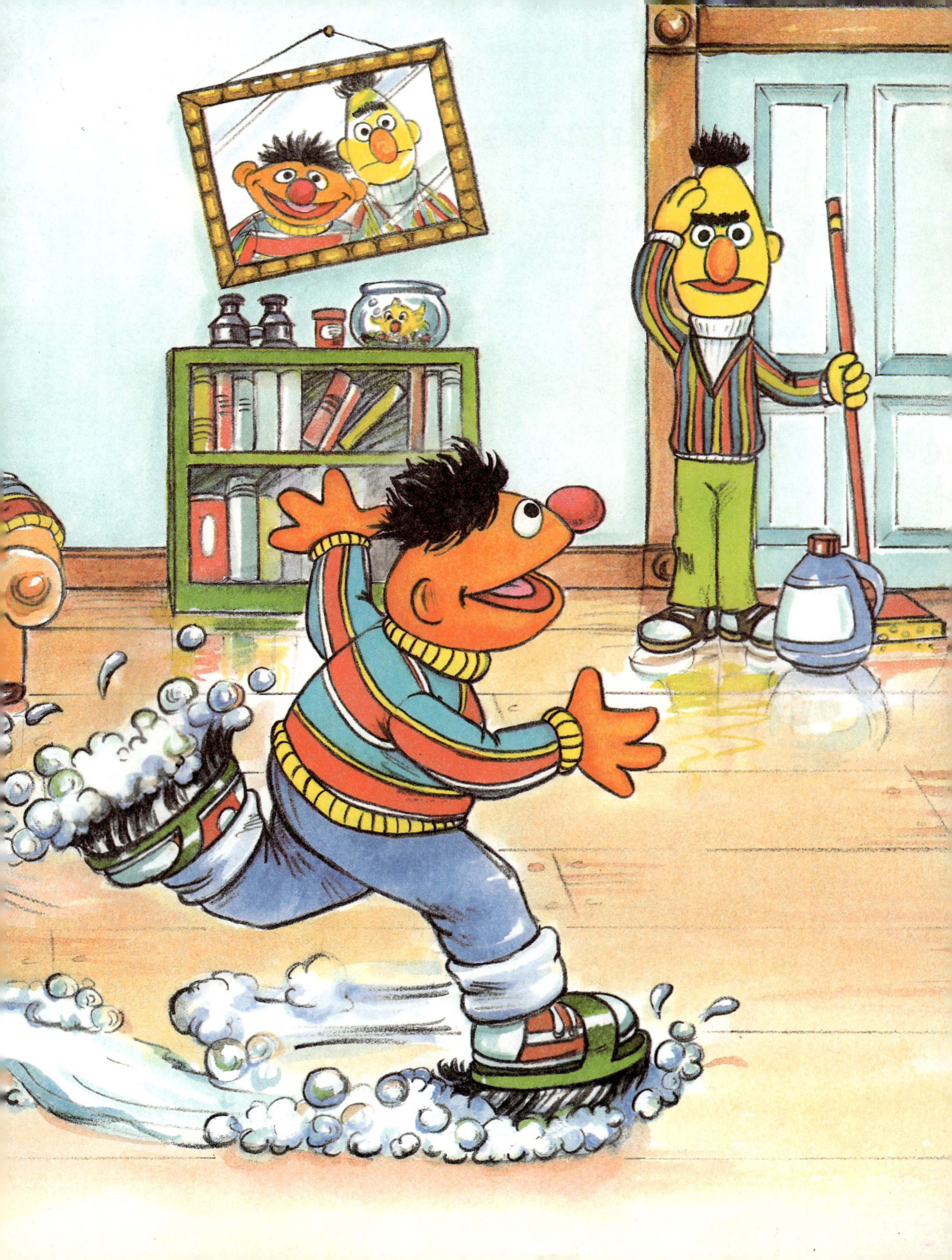

„Was soll ich jetzt machen, alter Kumpel Bert?", fragte Ernie und guckte sich um. „Soll ich die beiden Teppiche zum Lüften rausbringen?"

Bert war mit dem Staubwischen fertig, jetzt wollt er
die Fenster putzen. Aber was war das? Große Staubwolken
kamen von außen durch das offene Fenster.
„Ernie", schrie Bert voller Entsetzen, „was stellst du
denn jetzt schon wieder an dort draußen?"

„Beim Teppichklopfen kann ich prima Tennis üben", rief Ernie fröhlich. „Mein Tennisschläger muss auch mal wieder bewegt werden. Guter Sport, dieses Saubermachen, Bert. Macht Spaß!"

Bert machte schnell das Fenster zu. Dann sammelte er das herumliegende Spielzeug ein und die Kleidungsstücke zusammen. Es sah alles sehr ordentlich aus.
Ernie kam vom Teppichklopfen zurück. „Hast du vielleicht noch etwas anderes für mich zu tun?"
„Lieb von dir, Ernie. Du könntest den Wandschrank aufräumen. Ich mache inzwischen im Schlafzimmer Ordnung."

Ernie brauchte nicht lange. „Bert, komm her, sieh dir das an! Ich habe den Wandschrank aufgeräumt, wie du gesagt hast. Sieht jetzt toll aus. So ein Frühjahrsputz macht mir unheimlichen Spaß!"

„Eine gute Leistung, Ernie", sagte Bert anerkennend.
„So ordentlich und übersichtlich war der Wandschrank noch nie. Aber wo sind all die Sachen, die vorher da drin waren?"
„Dreh dich um, Bert, dann weißt du es", sagte Ernie.

„Oh, nein, Ernie! Wie sieht das Wohnzimmer aus!", Bert war entsetzt. „Was hast du dir dabei gedacht?"

„Ich habe mir gedacht, Bert, es ist viel zu schade, all die schönen Sachen im Wandschrank zu verstecken. Jetzt kann jeder alles sehen", sagte Ernie stolz.

Bert nahm einen einzelnen Strumpf vom Türknauf und gab ihn
Ernie. „Such' den zweiten Strumpf und lege das
Paar in die Schublade. Ich räume inzwischen das Wohnzimmer
noch einmal auf." Bert war keineswegs fröhlich.

Etwas später kam Bert ins Schlafzimmer zurück.
„Ernie, was soll das? Ich hatte hier auch schon alles aufgeräumt!", schrie Bert.
„Macht nichts, Bert. Aber wie du siehst, habe ich den Strumpf gefunden. Das ist jetzt ein Paar, und ich lege es in die Schublade", freute sich Ernie.

„Ich weiß gar nicht, was ich dazu sagen soll", meinte Bert verzweifelt.
„Du brauchst nichts zu sagen, Bert. Du brauchst mir auch nicht zu danken, ich habe es gern getan. Und was jetzt?"
„Geh' ins Badezimmer", antwortete. „Dort kannst du nicht allzuviel anrichten. Einfach alles sauber machen."

Kurz darauf hörte Bert lautes Planschen aus dem Badezimmer. Er war beunruhigt. „So ist es gut, Ernie. Und spare nicht mit Seife und Wasser!", rief er Ernie zu.
„Ich wette, du wirst zufrieden sein", rief Ernie zurück.
„Eine ganze Flasche Schaumbad ist schon draufgegangen!"

„Schaumbad?" Bert raste hinüber ins Badezimmer. Er fand Ernie in einer Wanne voller Schaum. Schaum auch überall auf dem Fußboden. „Wieso nimmst du ausgerechnet jetzt ein Bad?", fragte Bert.

„Du hast doch gesagt: einfach alles sauber machen", antwortete Ernie. „Da habe ich gleich mit der Hauptsache angefangen, mit Quietscheentchen und mit mir. Wie du gesagt hast, Bert."

„Also, Ernie, ich werde das Badezimmer jetzt auch noch allein aufwischen", sagte Bert ziemlich sauer. „Es reicht jetzt wirklich."
„Du meinst, ich habe genug getan?", fragte Ernie scheinheilig. „Also, wenn du darauf bestehst, Bert, ich nehme niemandem die Arbeit weg. Bin auch ziemlich müde. Ich mache mir jetzt was zu Essen und ruhe mich ein bisschen aus."

Ernie machte es sich in seinem kuscheligen Sessel gemütlich. Bert hatte noch lange und viel zu arbeiten, bis die Wohnung sauber und ordentlich war.

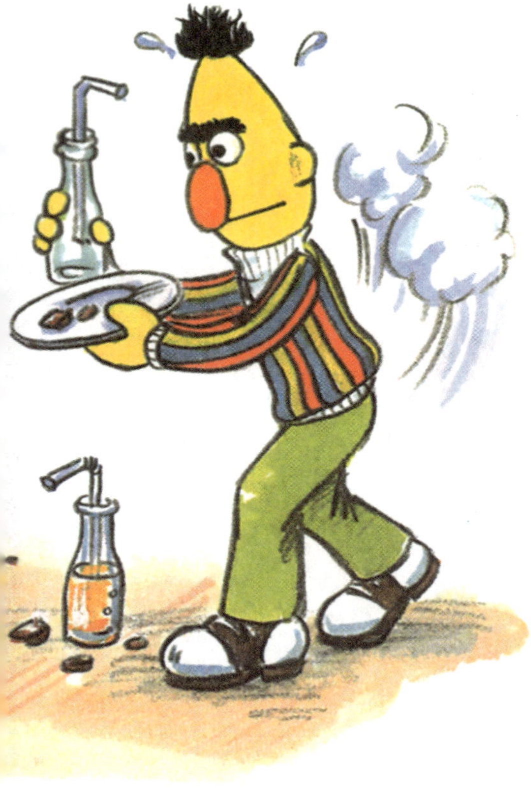

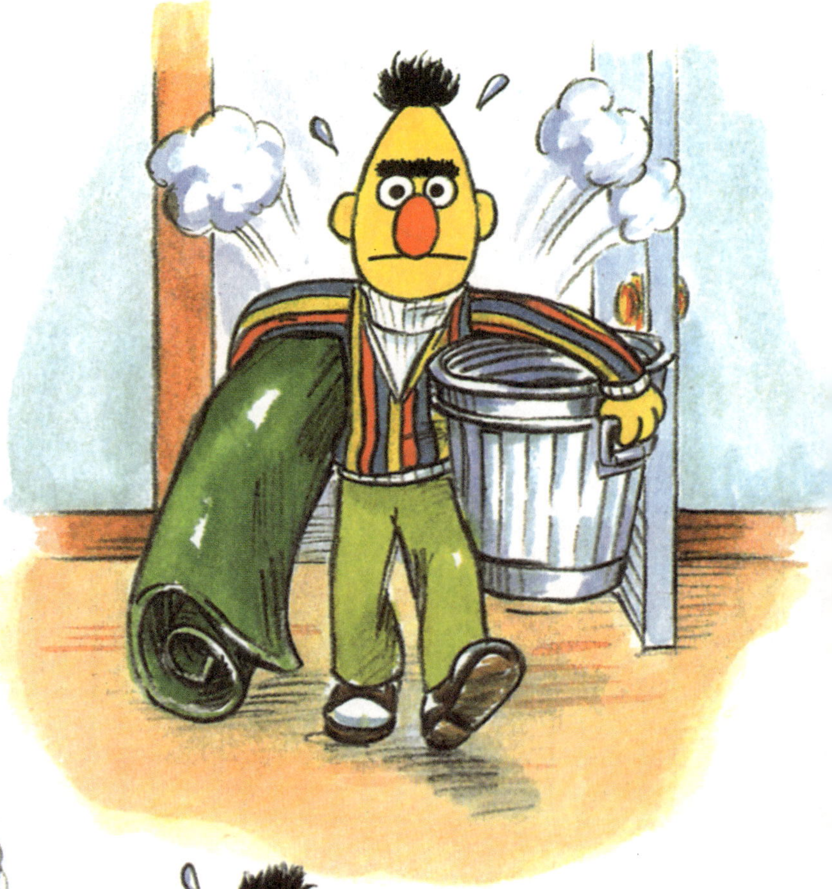

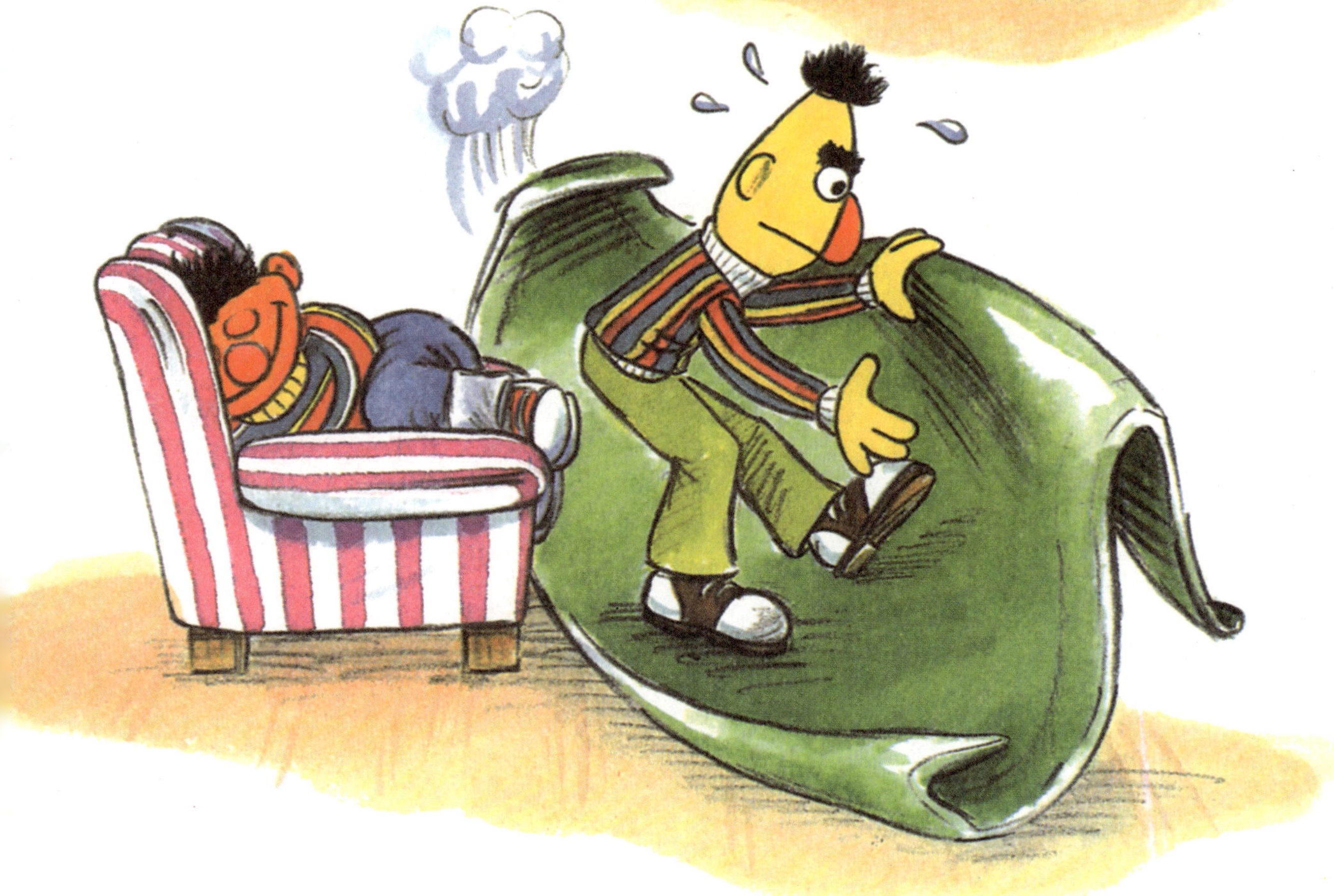

Als Bert am Ende erschöpft in seinen eigenen Sessel sank, wachte Ernie gerade wieder auf. Er sah sich erstaunt um. „Toll, Bert", rief er. „Die Wohnung sieht ja fabelhaft aus! Dieses Mal haben wir den Frühjahrsputz gut hinter uns gebracht, nicht wahr, Bert?"

Aber Bert antwortete nicht. Er war vor Erschöpfung eingeschlafen.

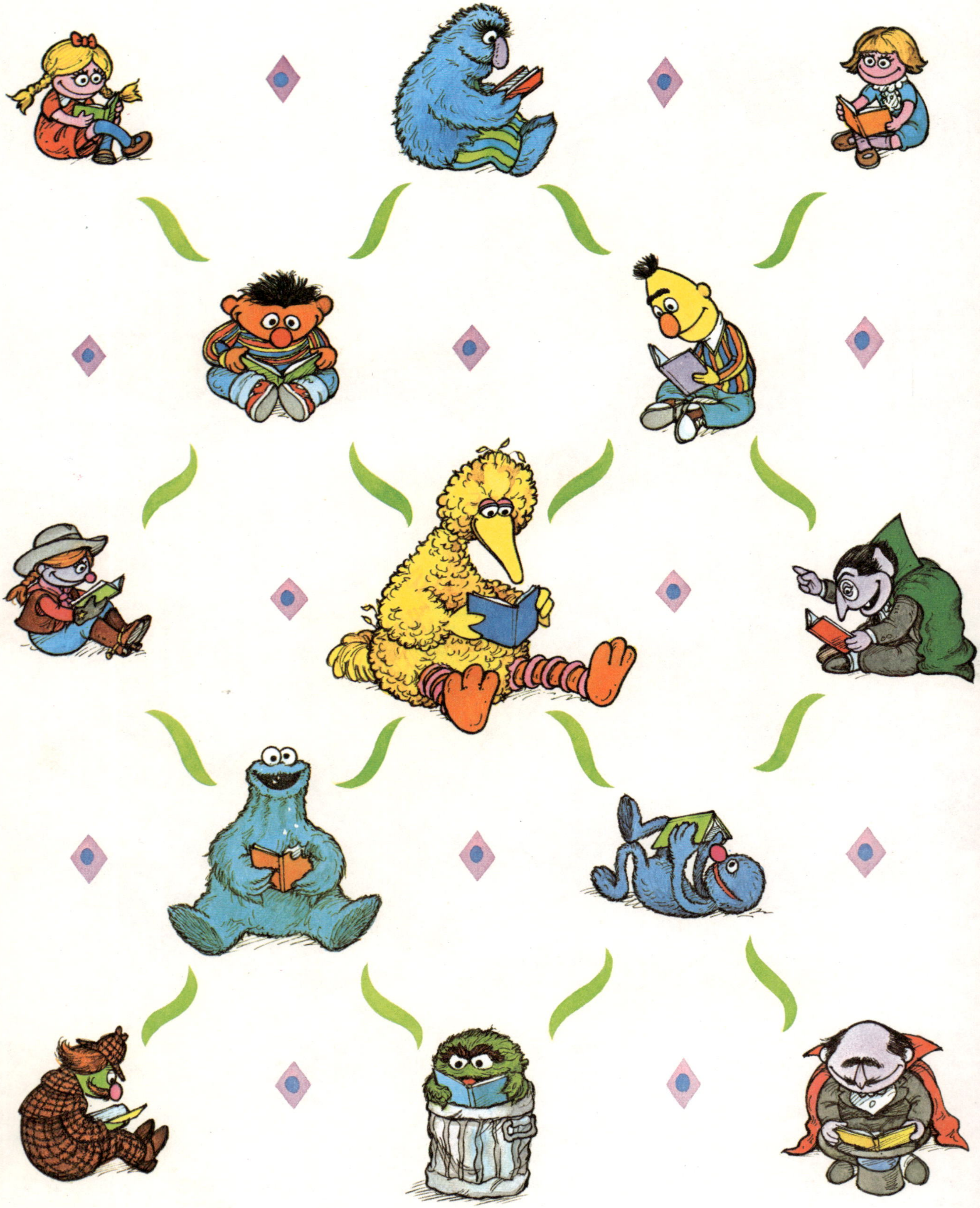